Inhalt

Kohlestrom - Renaissance in Deutschland

Kernthesen

Beitrag

Fallbeispiele

Zahlen und Fakten

Weiterführende Literatur

Impressum

GENIOS BranchenWissen Nr. 09 vom 25.09.2013

Kohlestrom - Renaissance in Deutschland

Anja Schneider

Kernthesen

- Deutschlands Energieträger Nummer eins ist nach wie vor die Kohle.
- Die deutschen Steinkohleimporte steigen weiter in beachtlichem Maße. Die Braunkohleverstromung legt zu.
- Als Gründe werden unter anderem die (zu) billige Kohle, die (zu) billigen CO_2-Zertifikate, das große Kohleangebot auf dem Weltmarkt genannt.
- Die Energieversorger drohen mit weiteren Stilllegungen bei konventionellen Kraftwerken.
- Die künftige Abstimmung zwischen Strom

aus fossilen und erneuerbaren Quellen wird eine wichtige Aufgabe sein, die die neue Bundesregierung zu stemmen hat.

Beitrag

Kohle ist nicht grün

Wie grün ist es in Deutschland? Die Grünen zu wählen ist offensichtlich out. Lags am ungeschickten Wahlkampfmanöver? Haben die Deutschen die grüne Welle satt? Ist der Begriff Energiewende zum Reizwort geworden? Ist deren Preis, also die Stromrechnung, für den Wähler zu hoch geworden? Geben wir uns zufrieden mit dem Aus für Atomstrom und arrangieren uns mit der schmutzigen Kohle? Die Lage auf dem Energiemarkt ist in der Tat verwirrend: Der Strompreis fällt - aber nur an der Börse. Die EEG-Umlage steigt - aber eine zunehmende Anzahl von Industriebetrieben ist befreit. Die Stromproduktion aus erneuerbaren Energien steigt wunschgemäß - doch: immer mehr Strom stammt aus Kohle, aus importierter Kohle wohlgemerkt! Die Zahl der Sonnenkollektoren auf den deutschen Dächern steigt - die deutschen Photovoltaikfirmen gehen pleite. Die Windräder auf hoher See kommen nicht aus den Puschen - doch an Land haben wir die Nase voll

davon. Wieso kommt der Strom nicht aus der Wüste (Desertec u.ä.) - ach ja, die Trassen von Afrika nach Europa fehlen. Neue Netze innerhalb Deutschlands - gerne, aber bitte nicht durch unser Land. Und so weiter, und so weiter. Das zu sortieren und auf den rechten Kurs zu bringen wird die Aufgabe der künftigen neuen Bundesregierung sein, egal ob sie schwarz-rot oder schwarz-grün ausfallen wird.
Bis dahin ist Fakt: Kohle ist Deutschlands wichtigster Energieträger! Grün ist sie allerdings nicht!

Mehr Energieverbrauch im ersten Halbjahr 2013

In der ersten Jahreshälfte haben die Deutschen mehr Energie benötigt: Der Verbrauch an Primärenergieträgern stieg nach Berechnungen der Arbeitsgemeinschaft Energiebilanzen vorwiegend witterungsbedingt um rund vier Prozent. Erdgas und Steinkohle verzeichneten deutliche Zuwächse. Der Verbrauch an Braunkohle nahm leicht ab. Bei den Erneuerbaren sorgten vor allem die Wasserkraft und Biomasse für eine Steigerung. (1)

Steinkohle mit kräftigem Zuwachs

In beachtlichem Umfang stieg der Verbrauch an

Steinkohle. Um sechs Prozent legte er in den ersten sechs Monaten des Jahres im Vergleich zum Vorjahreszeitraum zu. Der Einsatz an Steinkohle als Energieträger stieg in den Kraftwerken zur Strom- und Wärmeerzeugung um 8,5 Prozent und im Wärmemarkt um 16,7 Prozent. Die Stahlindustrie hingegen brauchte um 1,3 Prozent weniger Koks und Kokskohle. (1)
Dabei stammt nur wenig Steinkohle aus den deutschen Revieren. Die heimische Steinkohleförderung ist bekanntermaßen rückläufig. Schließlich wird der Steinkohleabbau hierzulande nach Jahren hoher Subventionierung mit noch immer jährlich zwei Milliarden Euro bis 2018 stillgelegt sein. Dem Verein der deutschen Steinkohleimporteure (VDKi) in Hamburg zufolge erhöhten sich die Importe der Steinkohleeinheiten nach Deutschland in den ersten sechs Monaten um 15 Prozent oder 3,4 Millionen Tonnen auf 25,7 Millionen Tonnen. Für das Gesamtjahr erwartet der Verband erstmals seit 1957 wieder einen Import von mehr als 50 Millionen Tonnen. Den Steinkohleimporten kommen niedrige Preise im Emissionshandel, günstige Frachtraten, kalte Witterung und das gestiegene Angebot an Kohle entgegen. Die angebotene Kohle stammt aus den USA, aus Russland, Kolumbien und China, das derzeit kräftig Kohle exportiert. Die Amerikaner brauchen ihre Kohle momentan nicht, da sie jetzt das billigere Schiefergas haben. (2), (3)

Braunkohle mit leichtem Rückgang

Der Verbrauch an Braunkohle ging im ersten Halbjahr 2013 um knapp zwei Prozent zurück. Neue Kraftwerke wurden in Betrieb genommen, alte Anlagen abgeschaltet. Das führte laut Arbeitsgemeinschaft Energiebilanzen zu einem insgesamt höheren durchschnittlichen Wirkungsgrad bei der Braunkohlenstromerzeugung. Die Effizienzsteigerung sorgte bei deutlich verringertem Brennstoffeinsatz für eine Erhöhung der Stromerzeugung um knapp ein Prozent. (1)
Der Braunkohlebedarf kann komplett aus dem heimischen Bergbau gedeckt werden (Rheinland, Lausitz, Mitteldeutschland, Helmstedt). Sie ist der wichtigste heimische Energieträger - noch vor den Erneuerbaren Energien - und sichert etwa zwölf Prozent des deutschen Energiebedarfs. Allerdings ist der deutsche Braunkohle-Abbau unbeliebt, weil er viel Dreck mit sich bringt und Umweltschäden hinterlässt, deren Beseitigung viel Geld kostet. Die Betroffenen stehen dennoch hinter dem Abbau der Braunkohle. Das zeigte sich in einer Umfrage bei der Bevölkerung in der Lausitz. 67 Prozent der Befragten stimmten der Aussage zu, dass "zur Sicherung der langfristigen, zuverlässigen und kostengünstigen Versorgung mit Energie die Erweiterung des

Braunkohletagebaus in der Lausitz notwendig" sei. (4)

Deutschlands Energieträger Nummer eins ist nach wie vor die Kohle

Unterm Strich gilt: Deutschlands Energieträger Nummer eins ist nach wie vor die Kohle. Die Braunkohle war im Jahr 2012 mit 25,7 Prozent Spitzenreiter der Energieträger in der deutschen Bruttostromerzeugung, gefolgt von den Erneuerbaren Energien mit 22 Prozent und der Steinkohle mit 19,1 Prozent auf dem dritten Platz. Auch im vergangenen Jahr legte der Kohleverbrauch zu: Braunkohle um plus 5,3 Prozent, Steinkohle um plus 3,1 Prozent. Und trotz des deutlichen Ausbaus der erneuerbaren Energien steigerte sich die Stromproduktion in den Kohlekraftwerken im ersten Halbjahr 2013. [Abb. 1] Im europäischen und weltweiten Strombedarf spielt die Kohle ebenfalls eine wichtige Rolle. Der von BP jährlich aktualisierte BP Energy Outlook sieht für den globalen Energiemarkt bis zum Jahr 2030 den Marktanteil der Kohle bei rund 30 Prozent. (5)

Sind Kohle und CO2 zu billig?

Als ein Grund für den erhöhten Einsatz von Kohle wird ihr vergleichsweise niedriger Preis genannt. Weil die Kosten für Kohle, Fracht und CO_2-Zertifikate (die so genannten Clean Dark Spreads) wesentlich niedriger seien als die Kosten für Gas, Transport und CO_2-Zertifikate (Clean Spark Spreads) werde die Kohleverstromung in Europa seit längerem gegenüber Gaskraftwerken bevorzugt, so der VDKi. (2), (3)
Trotz diverser Klimagipfel in den vergangenen Jahren steigen die CO_2-Emissionen noch immer. Weltweit kletterten sie um rund zwei Prozent im vergangenen Jahr. Als Hauptverursacher gelten die Schwellen- und Entwicklungsländer mit ihrem hohen Wirtschaftswachstum, das ist erfreulich, zieht allerdings einen Anstieg der CO_2-Emissionen um rund fünf Prozent nach sich. CO_2-Rekordhalter ist China. Mit immerhin gebührendem Abstand folgen die USA, die dank billigem Schiefergas aus dem Thema erst mal fein raus sind - minus 3,6 Prozent weniger CO_2-Ausstoß können sich auf internationalem Diskussionsparkett sehen lassen! Die EU kann mit einem Minus von 1,6 Prozent aufwarten, eher ein Achtungserfolg, gerade dort wo man sich die Energiewende lautstark auf die Fahnen geschrieben hat. (6)
Ökonomen fordern einen höheren Preis für Kohlendioxid. Solange der CO_2-Preis so niedrig sei wie derzeit, sei die Weltgemeinschaft nicht genügend motiviert, die Suche nach neuen fossilen

Energievorkommen (Öl, Gas, Kohle) einzustellen und die Klimaziele zu erreichen. Nötig sei ein besser funktionierender Emissionshandel. Eine Möglichkeit seien Emissionsgrenzwerte für Kraftwerke wie sie die USA derzeit vorbereiten. Zu erwägen sei auch eine Besteuerung von CO_2, äußerte sich der Chefökonom des Potsdam Instituts für Klimafolgenforschung. (7), (8)

Neue Kraftwerke zu teuer?

Wie entwickeln sich die Kraftwerkskapazitäten in Deutschland und anderen europäischen Ländern? Der Bundesverband der Energie- und Wasserwirtschaft BDEW bezeichnet die voraussichtliche Entwicklung der Kraftwerkskapazitäten in Deutschland als "ambivalent". Zwar würden viele konventionelle Kraftwerke von Stromversorgern und Investoren geplant, ob sie tatsächlich gebaut werden, sei fraglich. Die Investitionsunsicherheit habe zugenommen. Alte (Kohle-)Kraftwerke werden stillgelegt, weil sie zu alt und unwirtschaftlich sind. Der Bau neuer Kraftwerke werde bis ins Jahr 2020 die Kapazitätsstilllegungen kaum kompensieren. (9)
In der Tat, die Stromerzeuger Eon, RWE und EnBW und auch die Stadtwerke klagen über die hohen Kosten, die als Kapazitätsreserve vorgehalten

Kraftwerke würden ihr Geld nicht mehr verdienen. Sie drohen mit Stilllegungen. Laut Bundesnetzagentur könnten demnächst 15 konventionelle Kraftwerke vom Netz gehen. Die deutsche Stromversorgung sei sicher, auch wenn die Kraftwerksbetreiber alle ihre Stilllegungsdrohungen wahr machen sollten, beruhigt der Präsident der Bundesnetzagentur und betont gleichzeitig, dass konventionelle Kraftwerke auf absehbare Zeit als Kapazitätsreserve für die schwankende Einspeisung erneuerbarer Stromerzeugung benötigt werden. Während die einen das kritischer sehen und davor warnen, dass ohne Kohlekraftwerke die Versorgungssicherheit zukünftig nicht gewährleistet werden könne, kommen andere zu dem Ergebnis, dass es wohl bald auch ohne Kohle ganz gut gehen werde. (2), (9)

Frost & Sullivan kam in einer Studie zu dem Ergebnis, dass Deutschland an Überkapazitäten leide, trotz des Ausstiegs aus der Kernenergie. Als Länder außerhalb der EU, in denen am ehesten neue Kohlekraftwerke gebaut werden könnten, nennt Frost & Sullivan Polen, Türkei, Serbien, Kosovo sowie Bosnien und Herzegowina. In Westeuropa werde nur die Einführung der CO_2-Abscheidung den Kraftwerksbau in Westeuropa ankurbeln, eine Entwicklung, die nicht vor 2030 zu erwarten sei. (10)

USA und Frankreich ziehen die Daumenschrauben an

In den USA kann Kohle derzeit mit Gas nicht konkurrieren. Zu niedrig ist dessen Preis. Für den Zeitraum 2013 bis 2015 haben US-Energiekonzerne konkrete Pläne für 138 neue Gaskraftwerke zur Genehmigung eingereicht, hingegen nur Anträge für acht neue Kohlekraftwerke gestellt. Andererseits deckt der Energieträger Kohle noch 39 Prozent des amerikanischen Strombedarfs. Kritische Stimmen wegen der umweltschädlichen Emissionen der Kohlekraftwerke gibt es durchaus: Die Environmental Protection Agency (EPA), der Regulator für Umwelt in den USA, hat schärfere Grenzwerte für die Emissionen von Kraftwerken vorgeschlagen. Diese sind so hoch, dass sie faktisch wohl das Ende der Kohlemeiler in den USA bedeuten könnten, wenn nicht rasch exzellente Innovationen eine ganz neue Meilergeneration entfachen. (7), (11)
Frankreich scheint auf dem Weg zur Klimasteuer. Die französische Regierung hat kürzlich etliche Maßnahmen zum Klimaschutz angekündigt, unter anderem eine neue Klimaabgabe auf den Kohlendioxidausstoß für Benzin, Diesel, Braun- und Steinkohle, Erdgas und Heizöl. Die Nuklearindustrie - in Frankreich sehr stark - soll die Klimasteuer bezahlen. Geschont werden sollen (kurzfristig) die

Autofahrer und Wirtschaftsbranchen mit hohen Energiekosten wie Transportunternehmen, Fischer und Unternehmen, die am Handel mit Emissionsrechten teilnehmen. (12)

Kluger Kurs der neuen deutschen Regierung gefragt

Deutschland hat gewählt, die künftigen Koalitionspartner werden sich finden. An der Energiewende rüttelt keiner ernsthaft, das Erneuerbare-Energien-Gesetz finden die meisten prinzipiell gut, die mit den Jahren stark gestiegene EEG-Umlage weniger, Korrekturen sind zweifelsohne erforderlich und sie werden kommen. Über das genaue Wie scheiden sich die Geister bzw. streiten sich die Parteien. Vorschläge gibt es reichlich, so jüngst beispielsweise vom Bundesverband der Deutschen Industrie (BDI), prompt kritisiert vom Bundesverband Erneuerbare Energie (BEE). Bis es zu Entscheidungen und einem klaren Kurs kommen wird, dürfte noch etwas Zeit vergehen. (13), (14)

Trends

Fossile Importe: Eine Studie des Hamburger Beratungsbüros Energy-Comment errechnete, dass

2012 die riesige Summe von 93,5 Milliarden Euro für den deutschen Import von Öl, Gas und Kohle zusammenkam. Das entspreche 3,5 Prozent der deutschen Wirtschaftsleistung. Zehn Jahre zuvor seien es nur 1,6 Prozent gewesen. (15)

Fallbeispiele

Stilllegungspläne der Versorger: Eon prüft die Stilllegung von bis zu 30 Kraftwerksblöcken in Europa bis 2015, darunter sechs in Deutschland. Bei zwei deutschen Kohlekraftwerken mit 552 MW erfolgt die Abmeldung der Anlagen im Zuge von Neubauplänen. EnBW plant unter anderem die Stilllegung der Steinkohleblöcke 1 und 2 am Standort Walheim. RWE gab bekannt, in Deutschland und in den Niederlanden Kohle und Gaskraftwerke mit einer Gesamtleistung von 3 100 MW vom Netz nehmen zu wollen. Außerdem will RWE bis Ende nächsten Jahres schrittweise Bezugsverträge aus Steinkohlekraftwerken kündigen. (9)

Gerangel um Staudinger: Monatelanges Gerangel gab es um den 250-MW-Kohleblock des Eon-Kraftwerkes Staudinger 1. Seine Betriebsgenehmigung war abgelaufen, der Rückbau hatte begonnen, wurde dann gestoppt. Hin und her ging der Schlagabtausch zwischen Bundesnetzagentur, hessischem Umweltministerium, hessischem Wirtschaftsministerium und Betreiber. Soll der alte Kohlemeiler stillgelegt oder doch als Reserve vorgehalten werden? Inzwischen ist das Thema vom Tisch: Es bleibt beim Aus für Staudinger 1. Ein südhessischer Versorger zog ein Gaskraftwerk als Ass aus dem Ärmel. Das wiederum scheint ein Kabinettstückchen für sich zu sein. In besagtes Gaskraftwerk wurden 55 Millionen Euro investiert. Es ist modern, effizient, in kommerziellem Betrieb. Doch: Schon 2014 soll es nach Plänen des Betreibers HSE wieder stillgelegt werden, weil es nicht rentabel sei. - Eine Drohgebärde oder ein Schildbürgerstreich? (16)

Protest gegen Dreckschleuder: Umweltschützer machen immer wieder auf die Umweltschädlichkeit der Braunkohleförderung aufmerksam, so beispielsweise hatten sich kürzlich neun Greenpeace-Aktivisten aus Schweden und Deutschland an die Gleise zwischen dem Tagebau Welzow-Süd und dem Kraftwerk Schwarze Pumpe in der Lausitz gekettet. (17)

CCS-Lagerung: Im brandenburgischen Ketzin ist das Pilotprojekt zur unterirdischen Speicherung von Kohlendioxid nach einer gut fünfjährigen Betriebsphase offiziell beendet worden. Ergebnis: Die geologische Speicherung sei dort sicher und zuverlässig. Noch mehr als fünf weitere Jahre wird es dauern, bis das gesamte Projekt durchgeführt ist. Dann soll bewiesen sein, dass die unterirdische

Speicherung von CO2 (Carbon Capture and Storage) in der Realität funktioniert. (18)

Neuer Steinkohlemeiler: Ein neues Steinkohlekraftwerk in Lünen in Nordrhein-Westfalen soll noch in diesem Jahr starten. Das 750-MW-Steinkohlekraftwerk ist seit Dezember 2012 im Probebetrieb; wenn die Genehmigungen erteilt werden, will es die Stadtwerkekooperation Trianel endlich in Dauerbetrieb nehmen. Klar ist schon: Das Kraftwerk Lünen wird voraussichtlich im kommenden Jahr 100 Millionen Verlust einfahren. (19)

Zahlen & Fakten

Abbildung 1: Bruttostromerzeugung nach Energieträgern in Deutschland 2012

Energieträger	2012
Braunkohle	25,7%
Erneuerbare Energien	22,0%
Steinkohle	19,1%
Kernenergie	16,1%
Erdgas	11,3%
Mineralöl	1,5%

| Sonstige | 4,2% |

Quelle: Bundesministerium für Wirtschaft und Technologie; Bundesverband der Energie- und Wasserwirtschaft e.V.; Statistik der Kohlenwirtschaft e.V. Entnommen aus: AGEB, Energieverbrauch in Deutschland im Jahr 2012, S. 28 (20)

Weiterführende Literatur

(1) Pressedienst: Energieverbrauch liegt weiter im Plus / Publikation: Energieverbrauch in Deutschland. Daten für das 1. Halbjahr 2013
aus Schweizer Bank Nr. 10 vom 20.09.2013 Seiten 49 - 48

(2) Günstige CO_2-Preise forcieren Kohleimporte
aus Schweizer Bank Nr. 10 vom 20.09.2013 Seiten 49 - 48

(3) Steinkohleimporte gestiegen
aus Schweizer Bank Nr. 10 vom 20.09.2013 Seiten 49 - 48

(4) Lausitz: Mehrheit für weiteren Kohleabbau
aus Schweizer Bank Nr. 10 vom 20.09.2013 Seiten 49 - 48

(5) Energie & Rohstoffe. Branchenreport Ausgabe 1/2013
aus Schweizer Bank Nr. 10 vom 20.09.2013 Seiten 49 - 48

(6) CO2-Ausstoß weltweit gestiegen
aus Schweizer Bank Nr. 10 vom 20.09.2013 Seiten 49 - 48

(7) Kampf gegen Dreckschleudern
aus Schweizer Bank Nr. 10 vom 20.09.2013 Seiten 49 - 48

(8) Edenhofer: Shalegas treibt Kohlenutzung
aus Schweizer Bank Nr. 10 vom 20.09.2013 Seiten 49 - 48

(9) Kraftwerke in der Kostenfalle
aus Schweizer Bank Nr. 10 vom 20.09.2013 Seiten 49 - 48

(10) Kohlekraftwerke: Überkapazitäten in Deutschland
aus Schweizer Bank Nr. 10 vom 20.09.2013 Seiten 49 - 48

(11) US-Kohle unter Druck
aus Schweizer Bank Nr. 10 vom 20.09.2013 Seiten 49 - 48

(12) Frankreich plant neue Kohlendioxidsteuer
aus Schweizer Bank Nr. 10 vom 20.09.2013 Seiten 49 - 48

(13) Marktprämie: BEE widerspricht BDI
aus Schweizer Bank Nr. 10 vom 20.09.2013 Seiten 49 - 48

(14) Berliner Tagebuch: Spaß beiseite ... Das Tagebuch von Angelika Nikionok-Ehrlich, Berliner E&M-Korrespondentin, hält die Energie-Ereignisse oder - Inszenierungen der Hauptstadtpolitik fest.
aus Schweizer Bank Nr. 10 vom 20.09.2013 Seiten 49 - 48

(15) Haushohe Rechnung
aus Schweizer Bank Nr. 10 vom 20.09.2013 Seiten 49 - 48

(16) Stille Post
aus Schweizer Bank Nr. 10 vom 20.09.2013 Seiten 49 - 48

(17) Greenpeace beendet Blockade der Braunkohletransporte
aus Schweizer Bank Nr. 10 vom 20.09.2013 Seiten 49 - 48

(18) CCS-Pilotprojekt zur CO2-Speicherung abgeschlossen
aus Schweizer Bank Nr. 10 vom 20.09.2013 Seiten 49 - 48

(19) Kohlekraftwerk Lünen soll Ende des Jahres in Dauerbetrieb
aus Schweizer Bank Nr. 10 vom 20.09.2013 Seiten 49 -

(20) Energieverbrauch in Deutschland im Jahr 2012:
Kühle Temperaturen bewirken leichten Anstieg des
Primärenergieverbrauchs im Jahr 2012
aus Schweizer Bank Nr. 10 vom 20.09.2013 Seiten 49 - 48

Impressum

Kohlestrom - Renaissance in Deutschland

Bibliografische Information der deutschen Nationalbibliothek

Die Deutsche Nationalbibliothek verzeichnet diese Publikation in der deutschen Nationalbibliografie; detaillierte bibliografische Daten sind im Internet über http://dnb.d-nb.de abrufbar.

ISBN: 978-3-7379-2396-5

© 2015 GBI-Genios Deutsche Wirtschaftsdatenbank GmbH, Freischützstraße 96, 81927 München, www.genios.de

Alle Rechte vorbehalten. Dieses Werk ist einschließlich aller seiner Teile – z.B. Texte, Tabellen und Grafiken - urheberrechtlich geschützt. Jede Verwertung außerhalb der Grenzen des Urheberrechtsgesetzes bedarf der vorherigen Zustimmung des Verlags. Dies gilt insbesondere auch für auszugsweise Nachdrucke, fotomechanische Vervielfältigungen (Fotokopie/Mikroskopie), Übersetzungen, Auswertungen durch Datenbanken oder ähnliche Einrichtungen und die Einspeicherung und Verarbeitung in elektronischen Systemen.